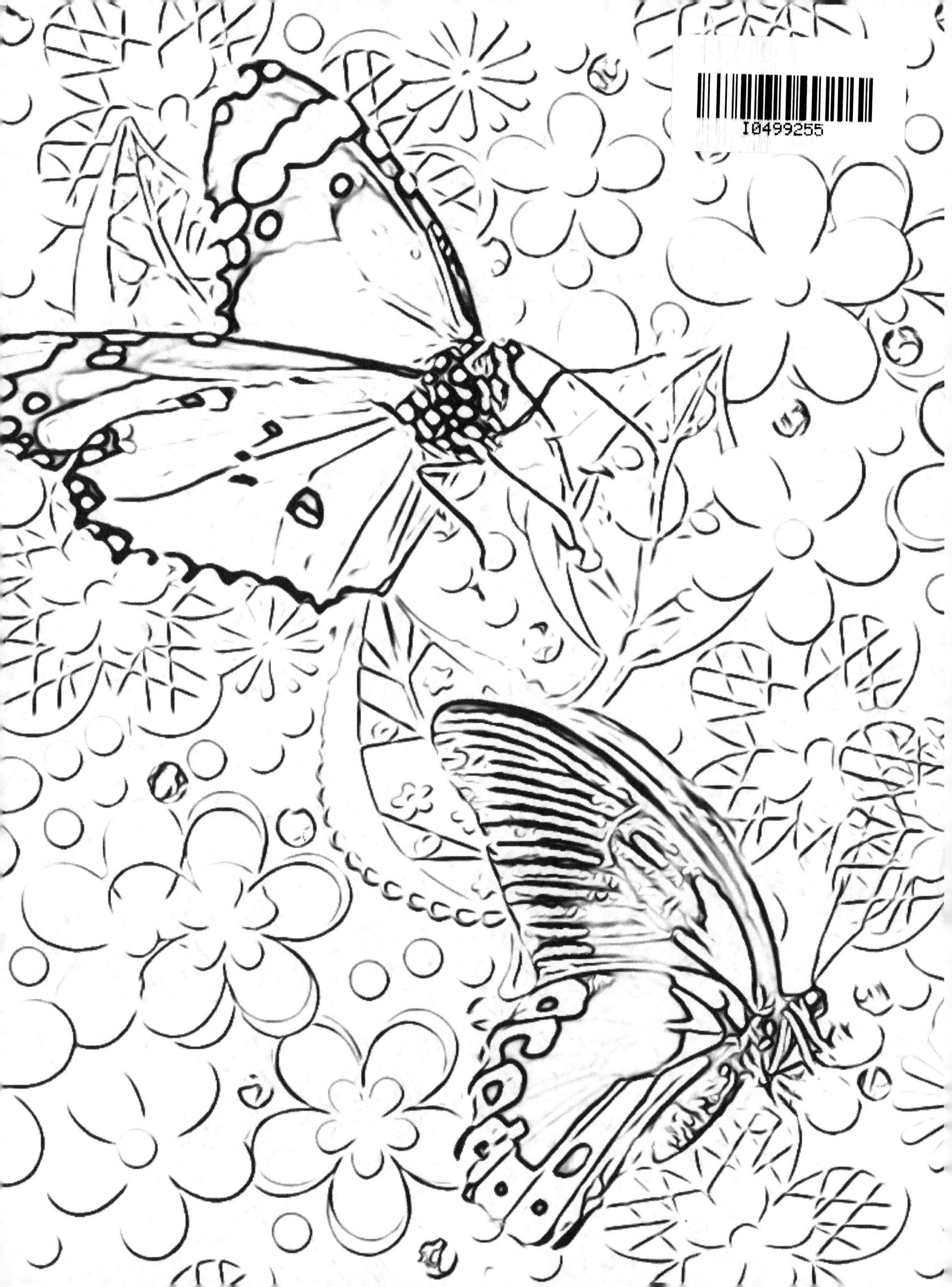

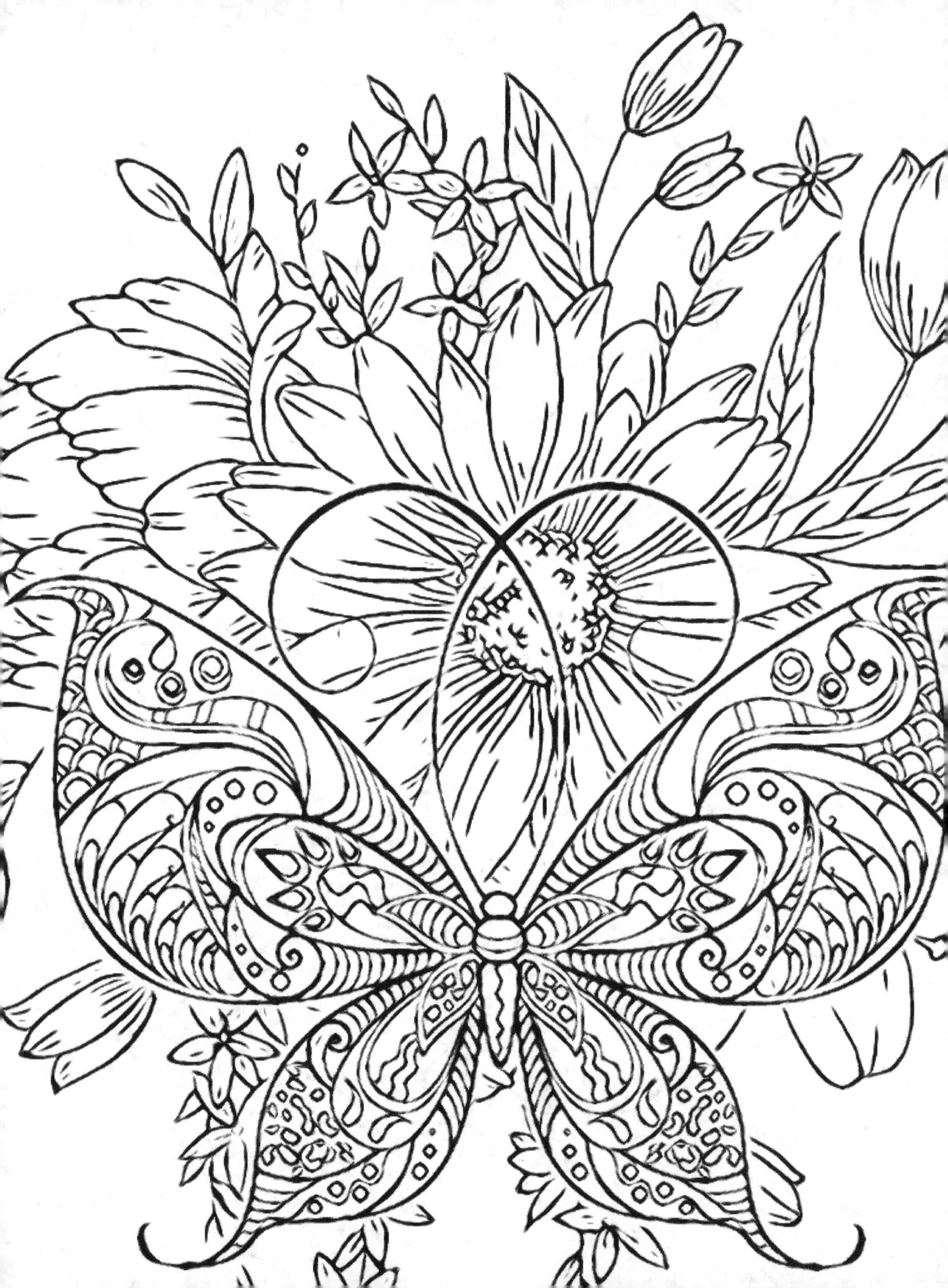

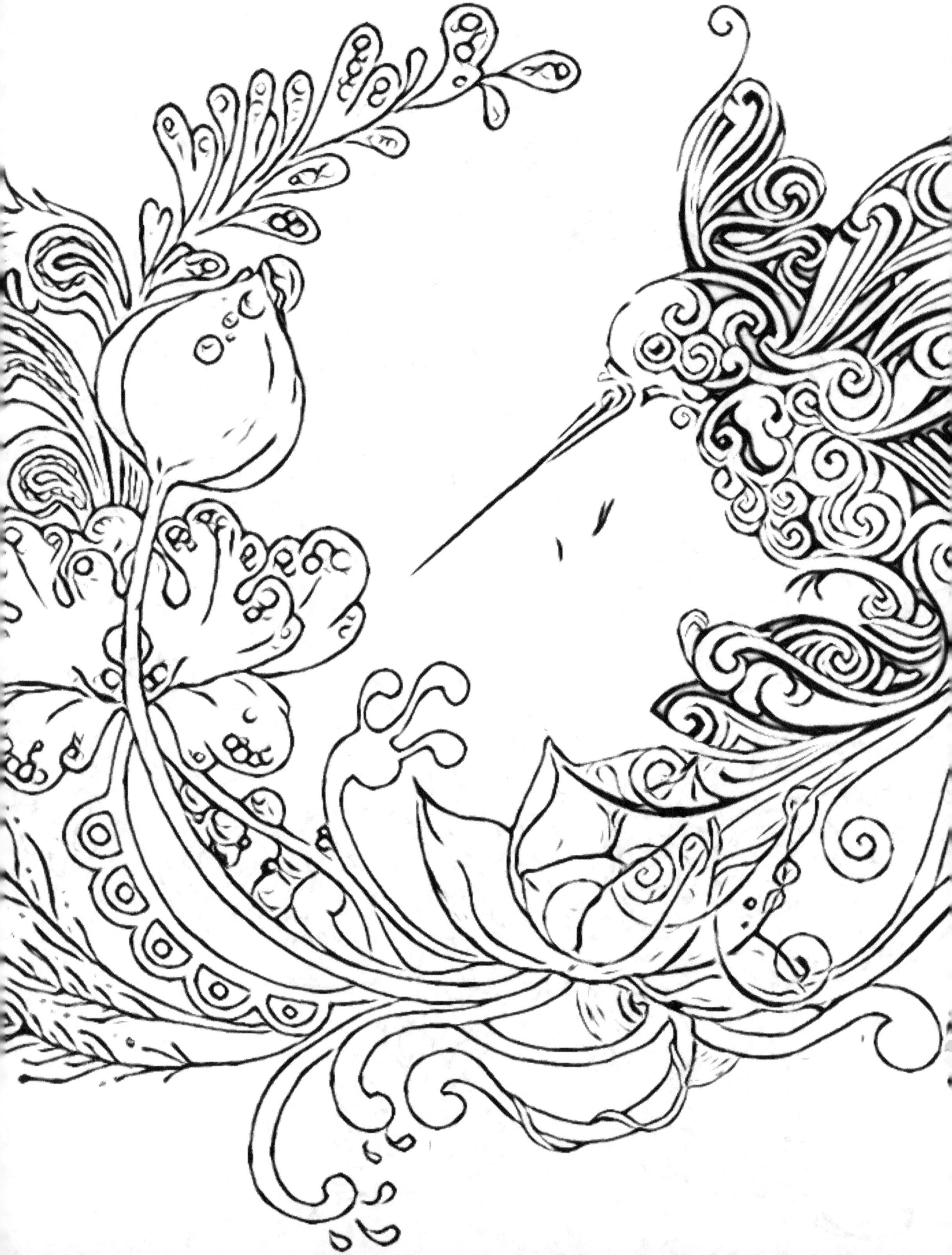

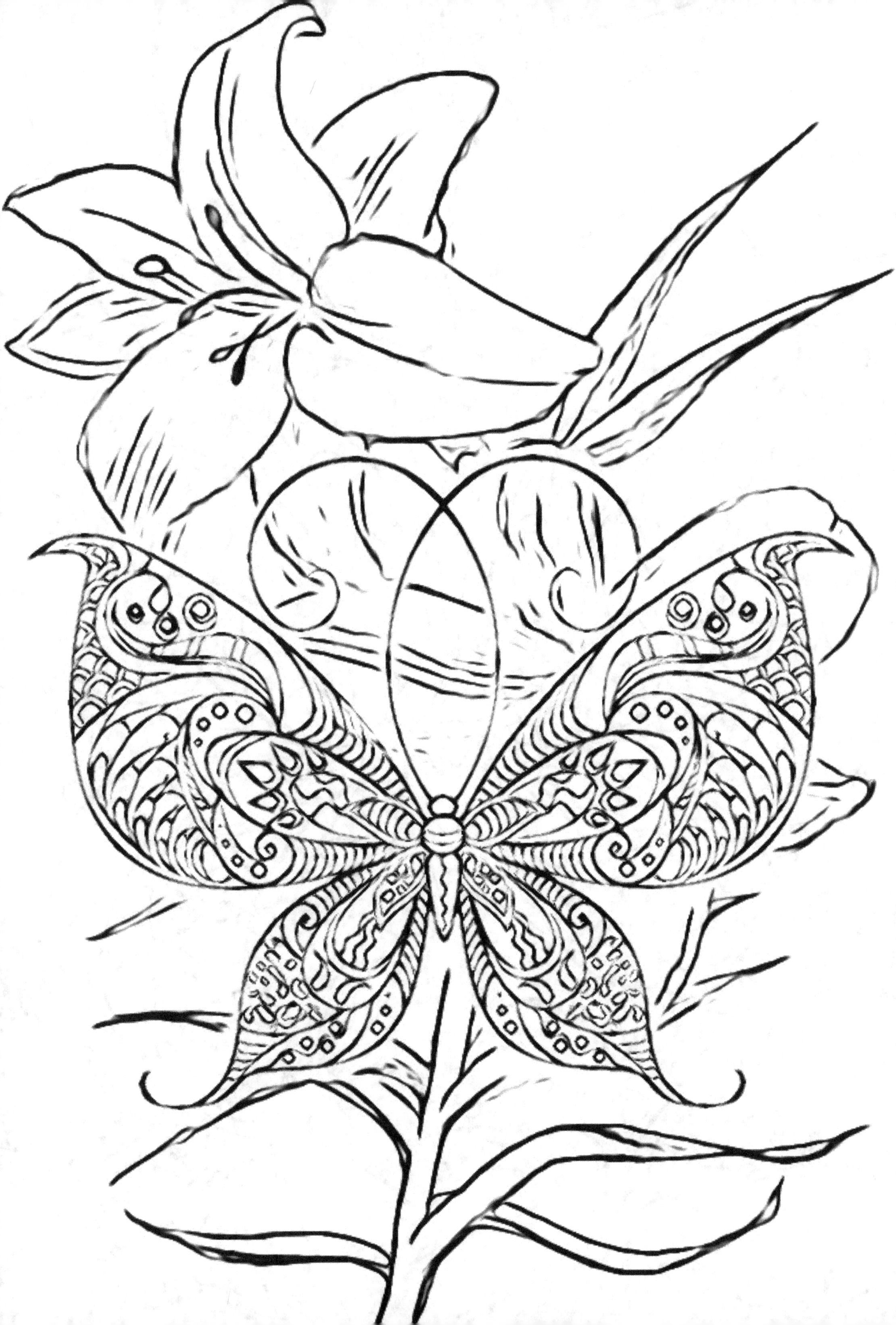

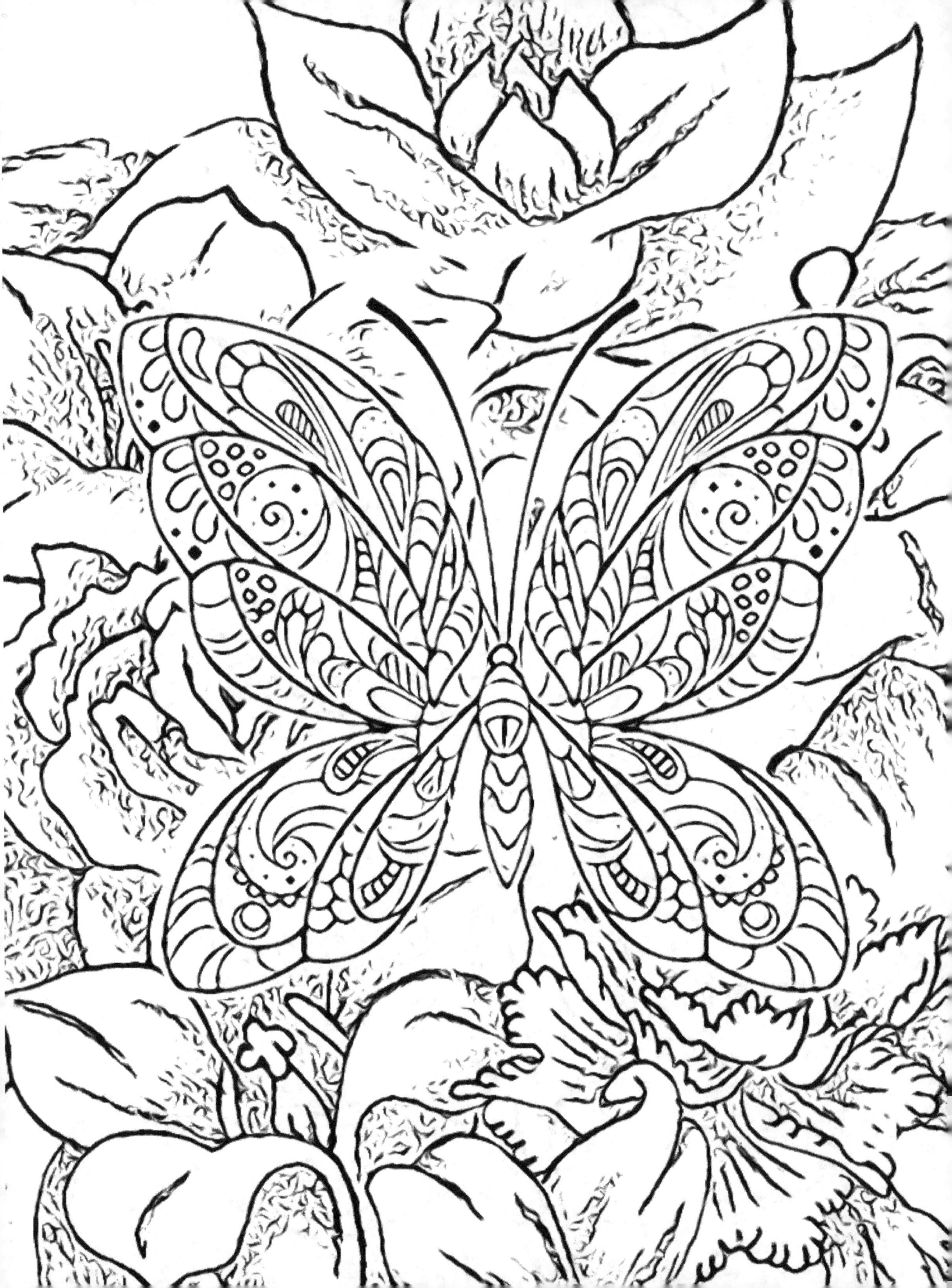

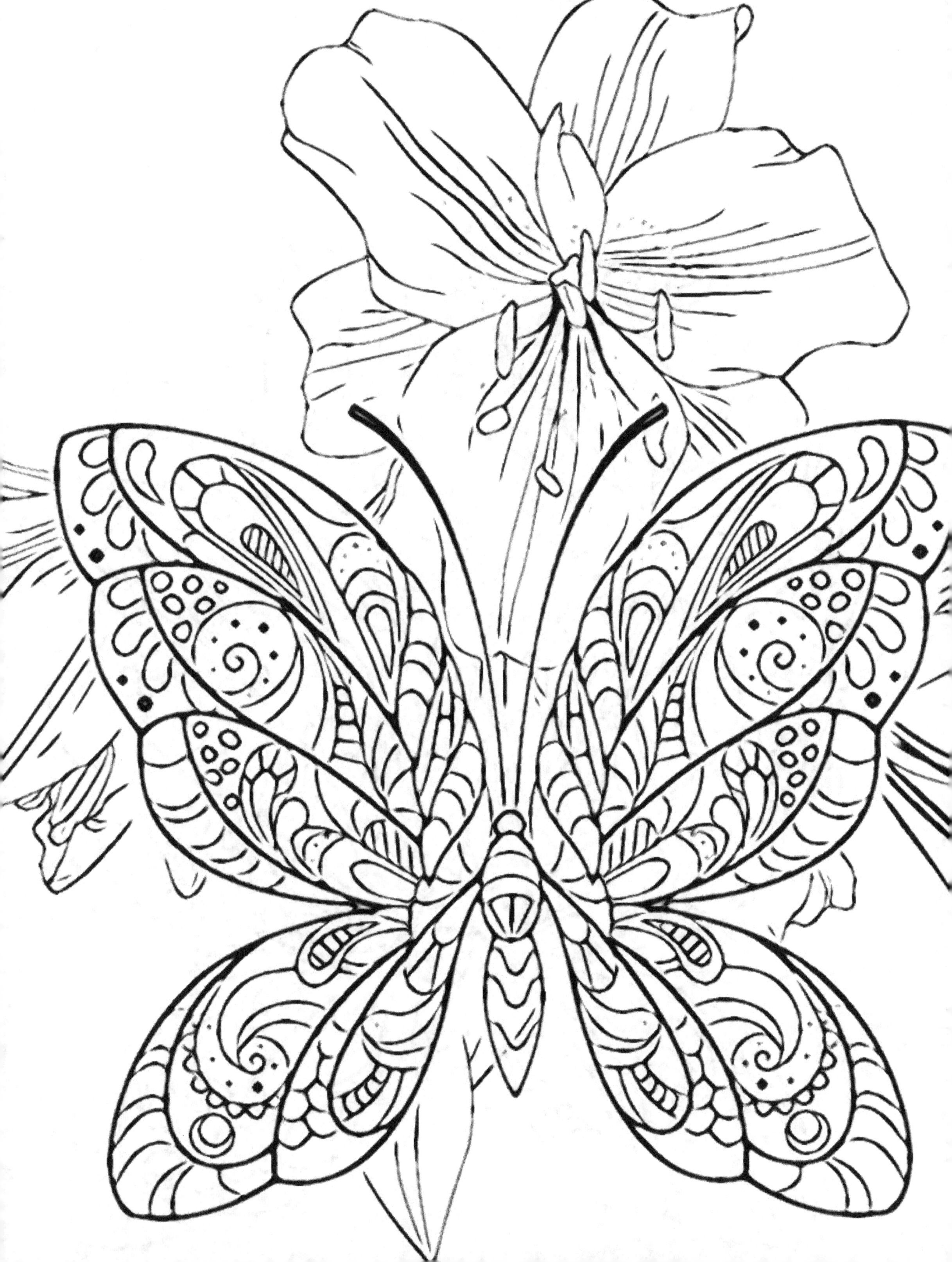

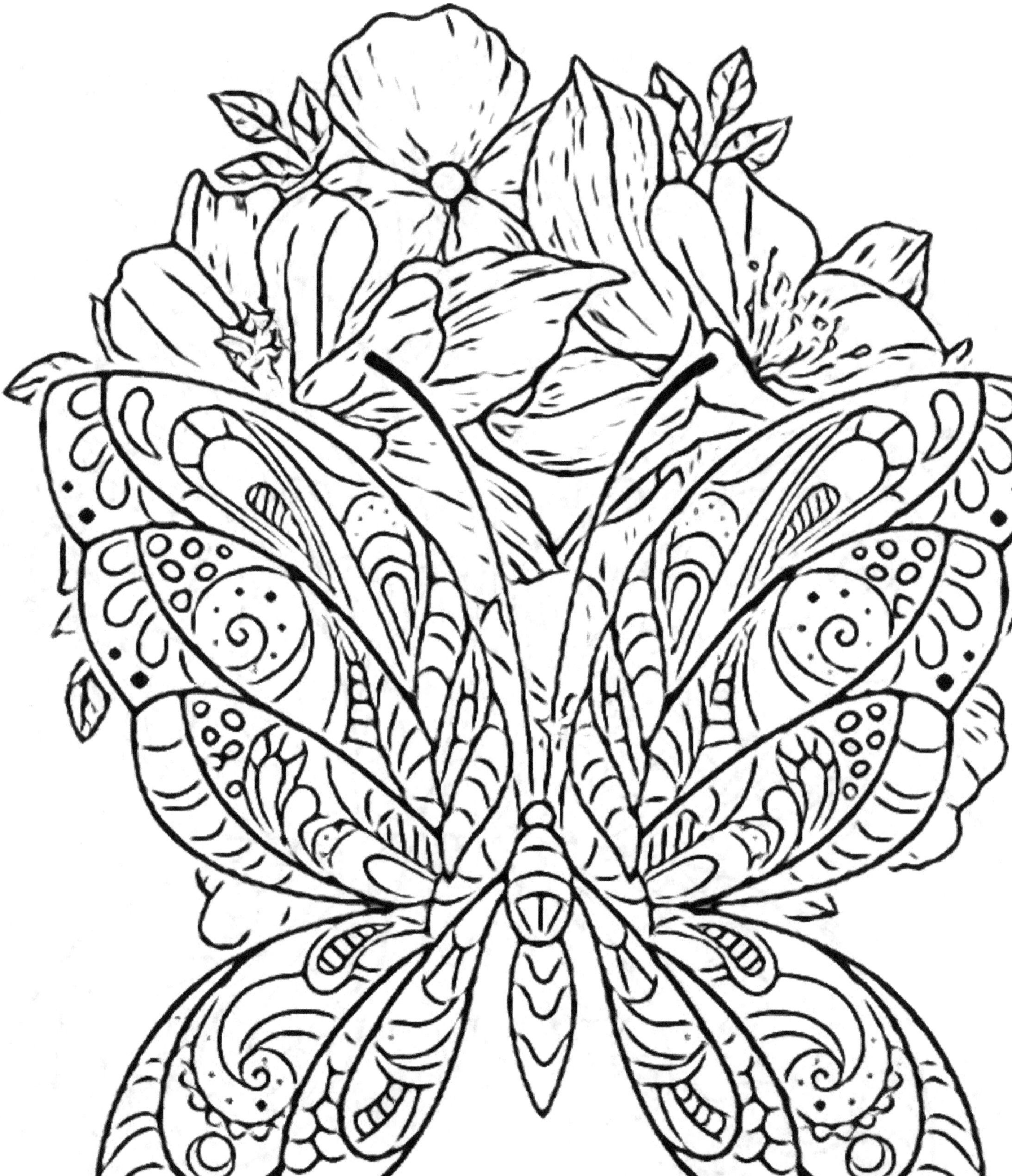

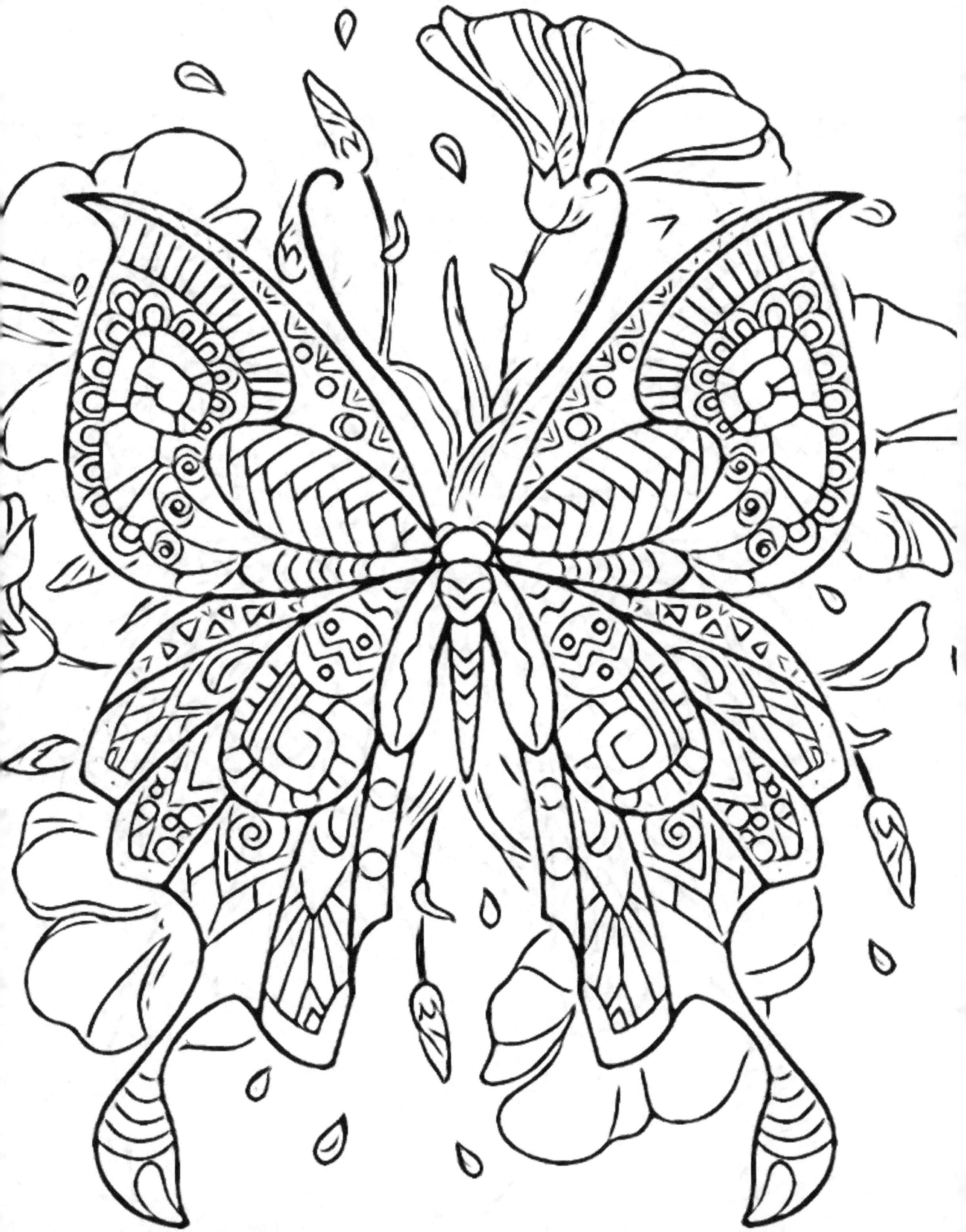

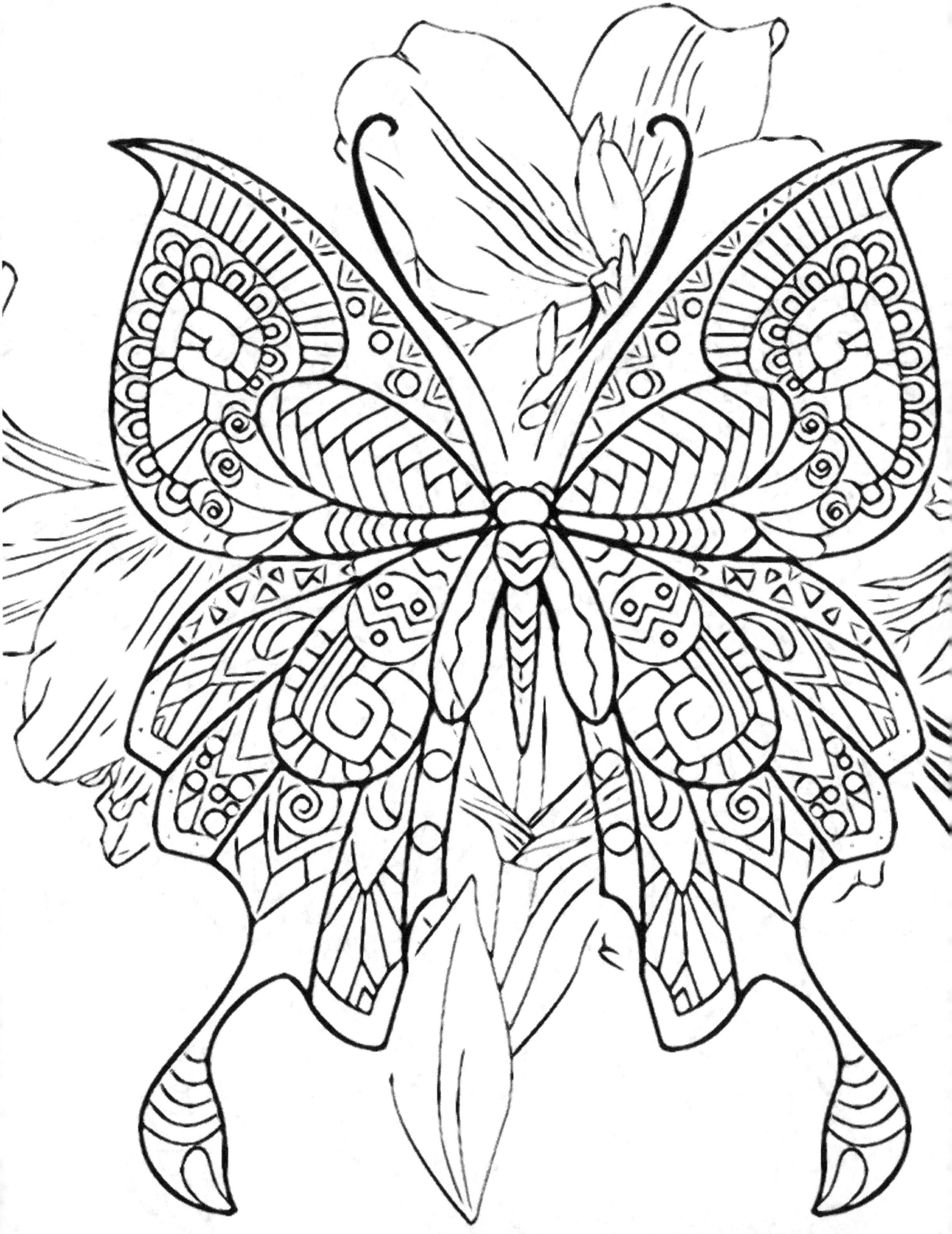

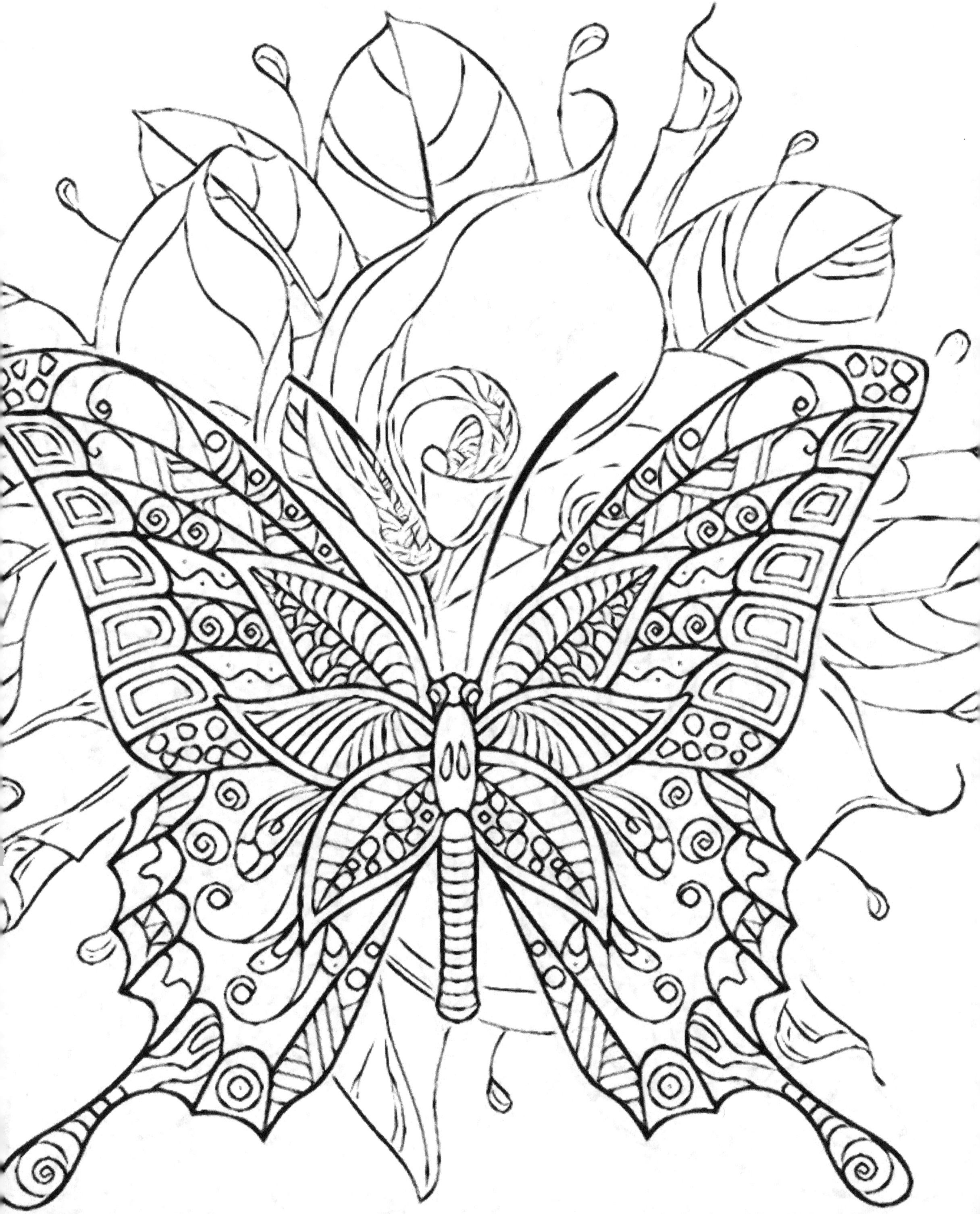

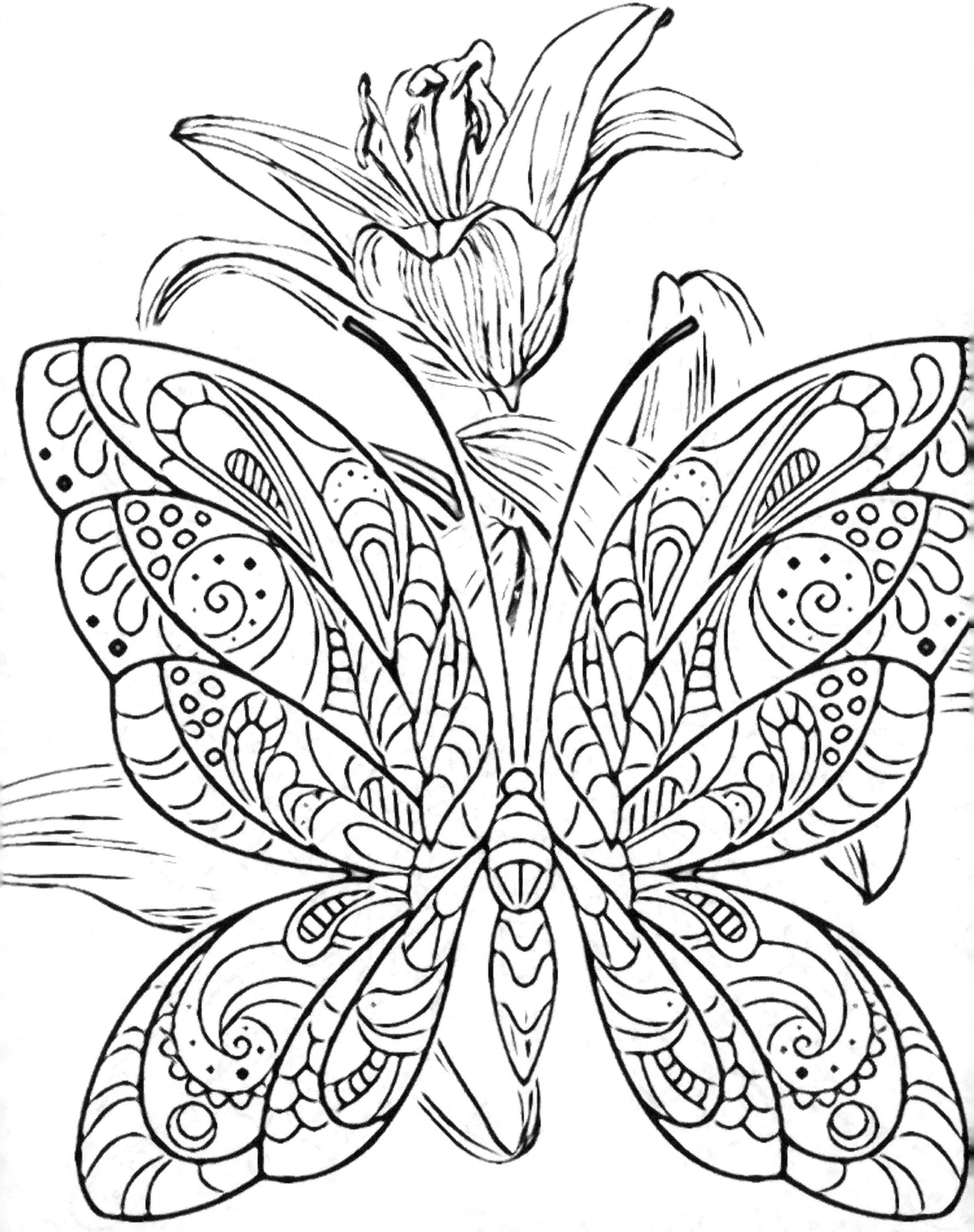

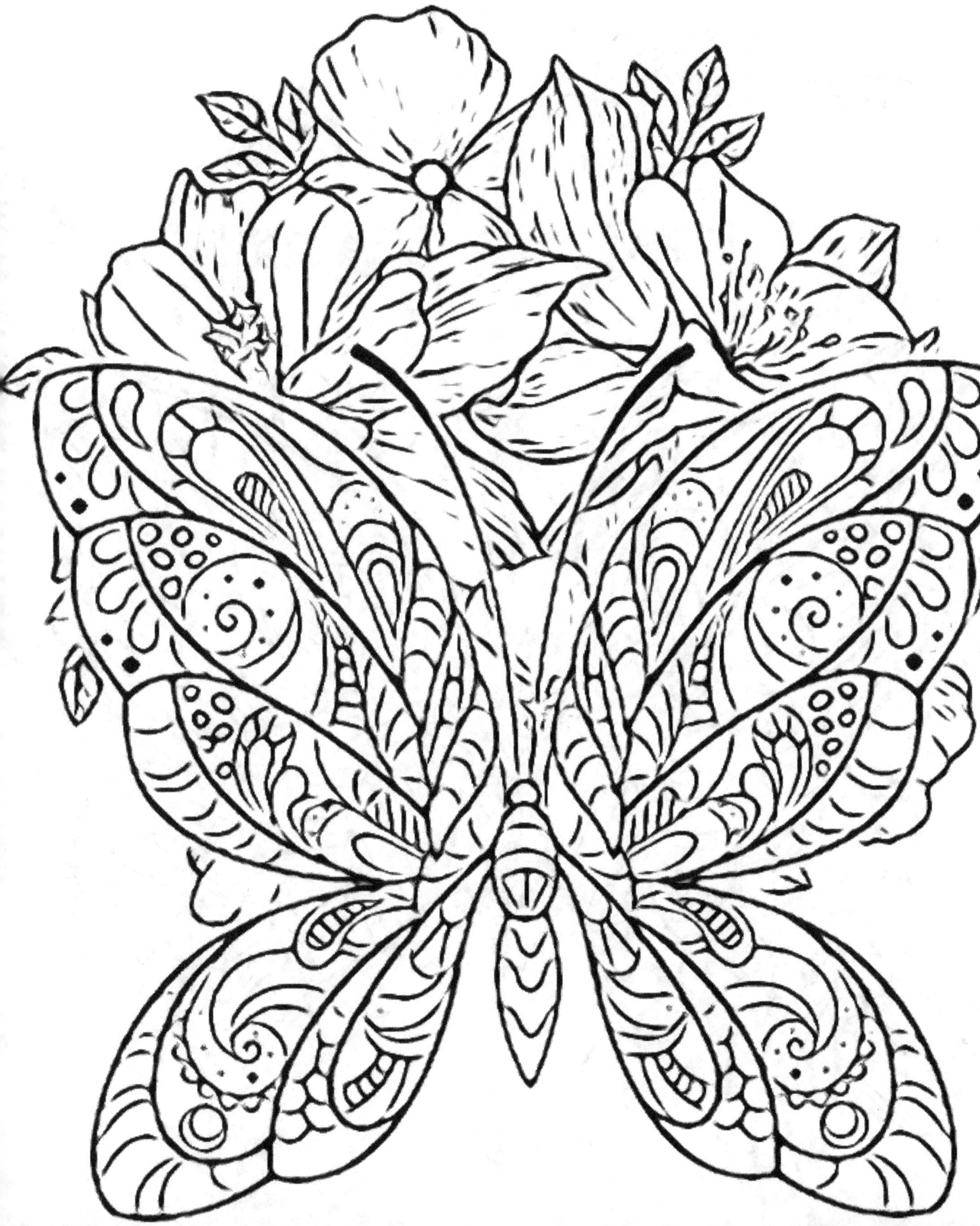

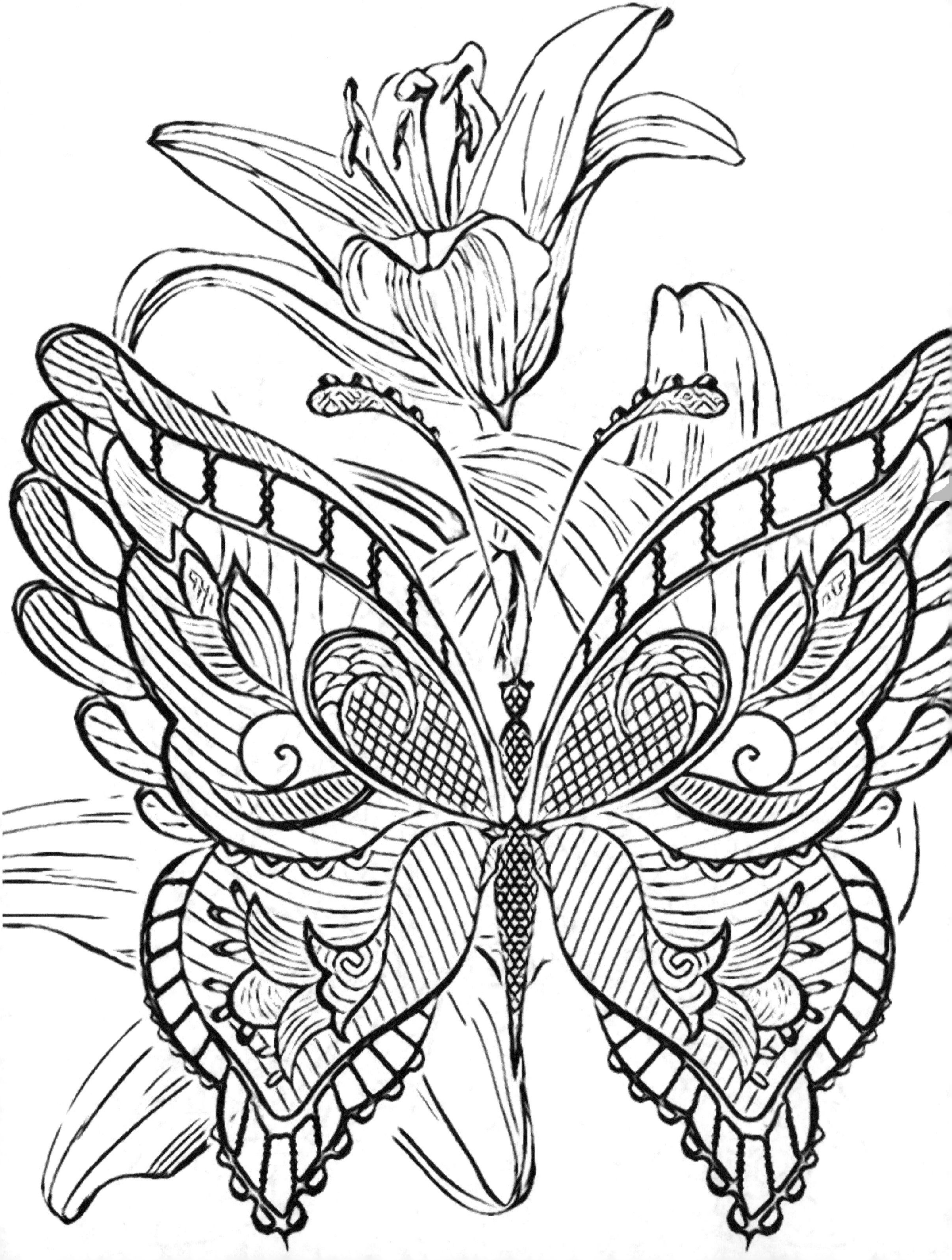

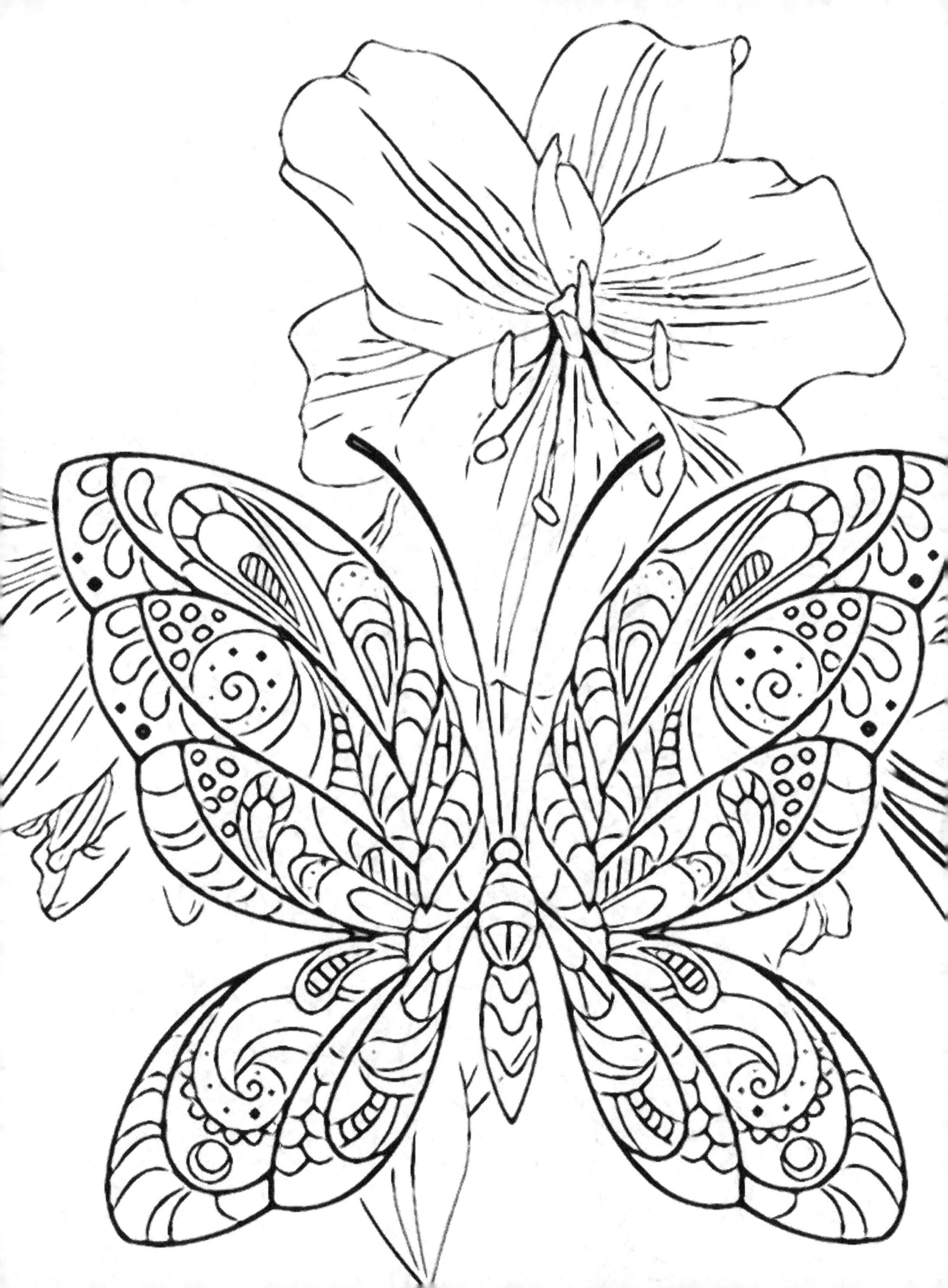

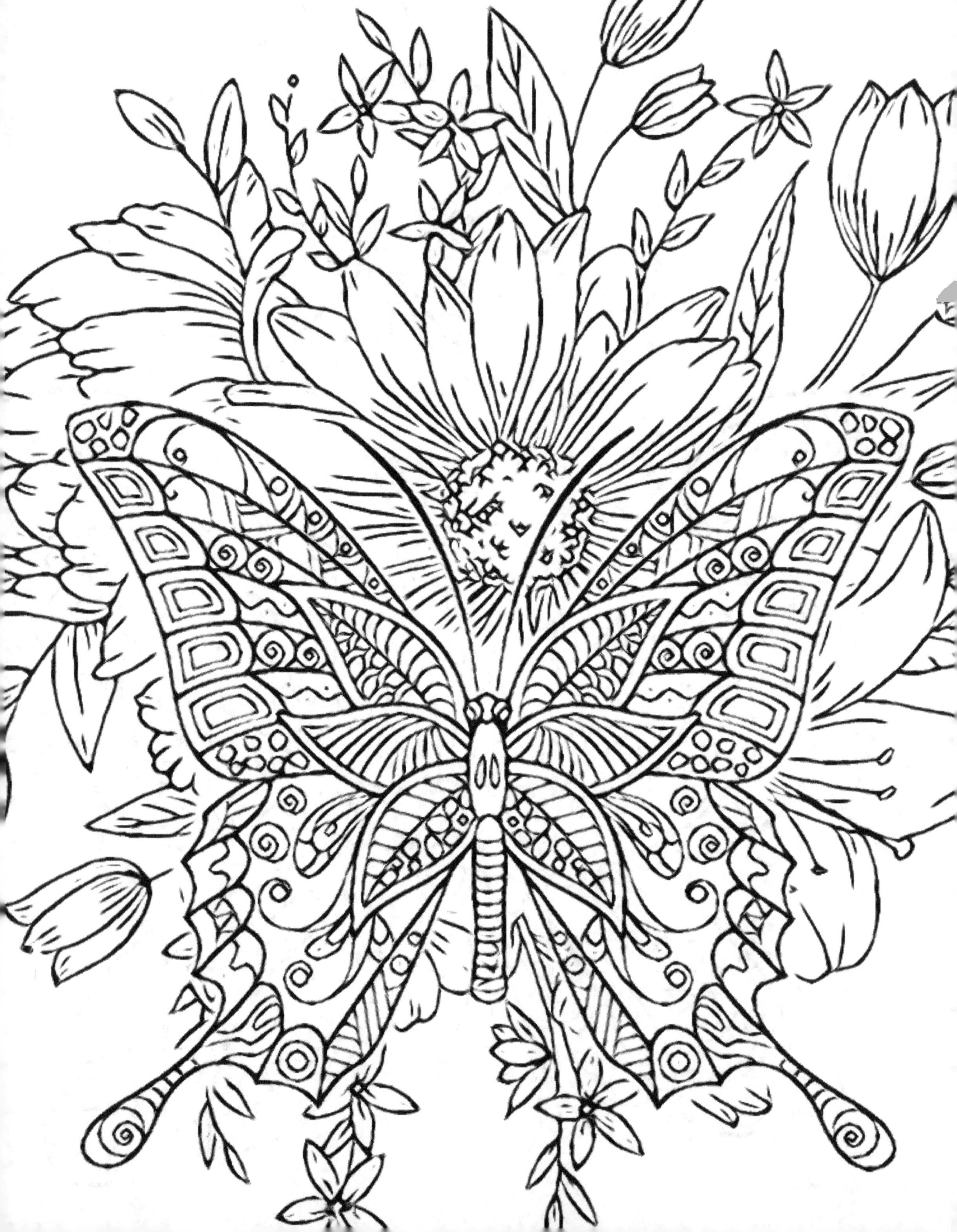

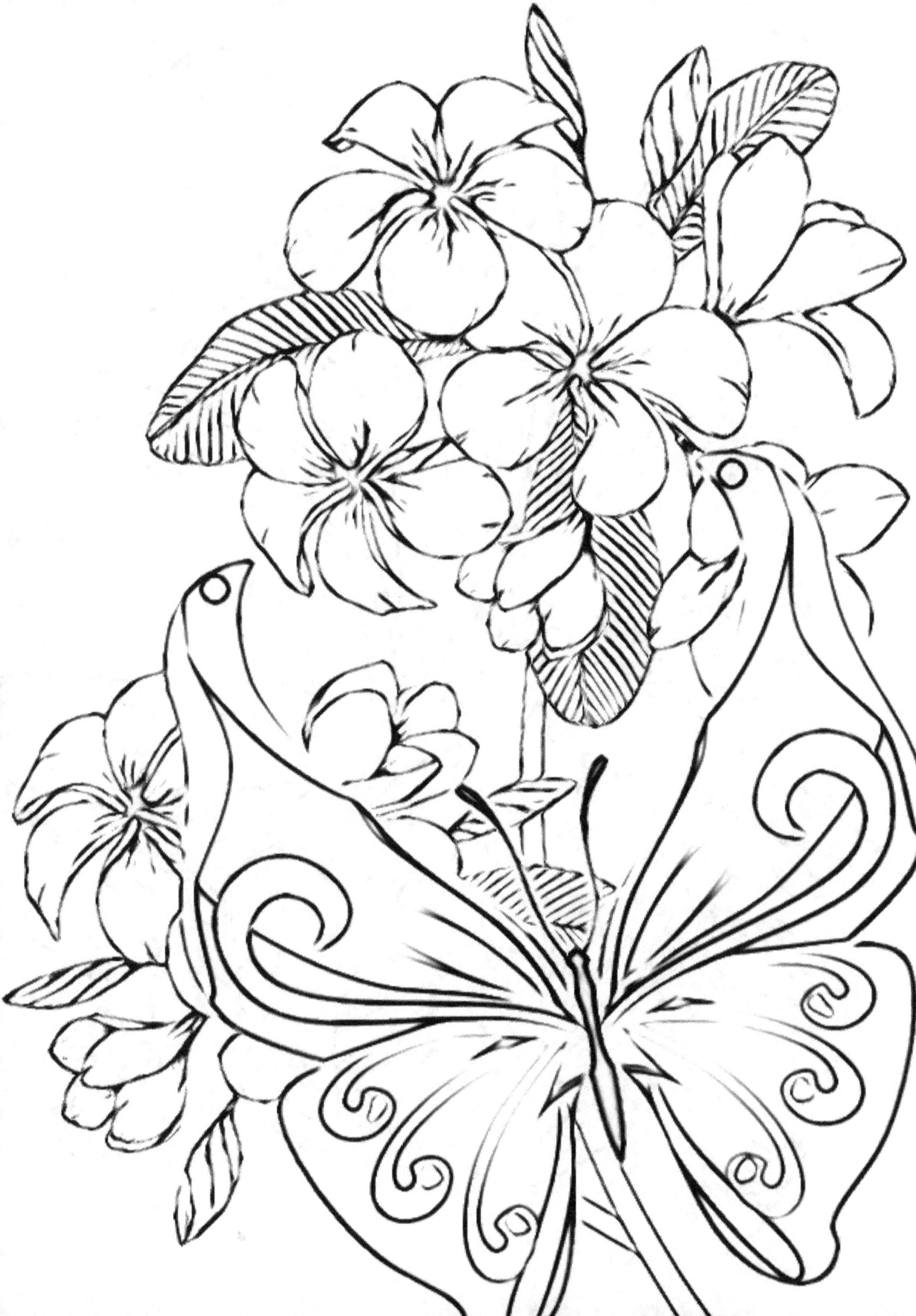

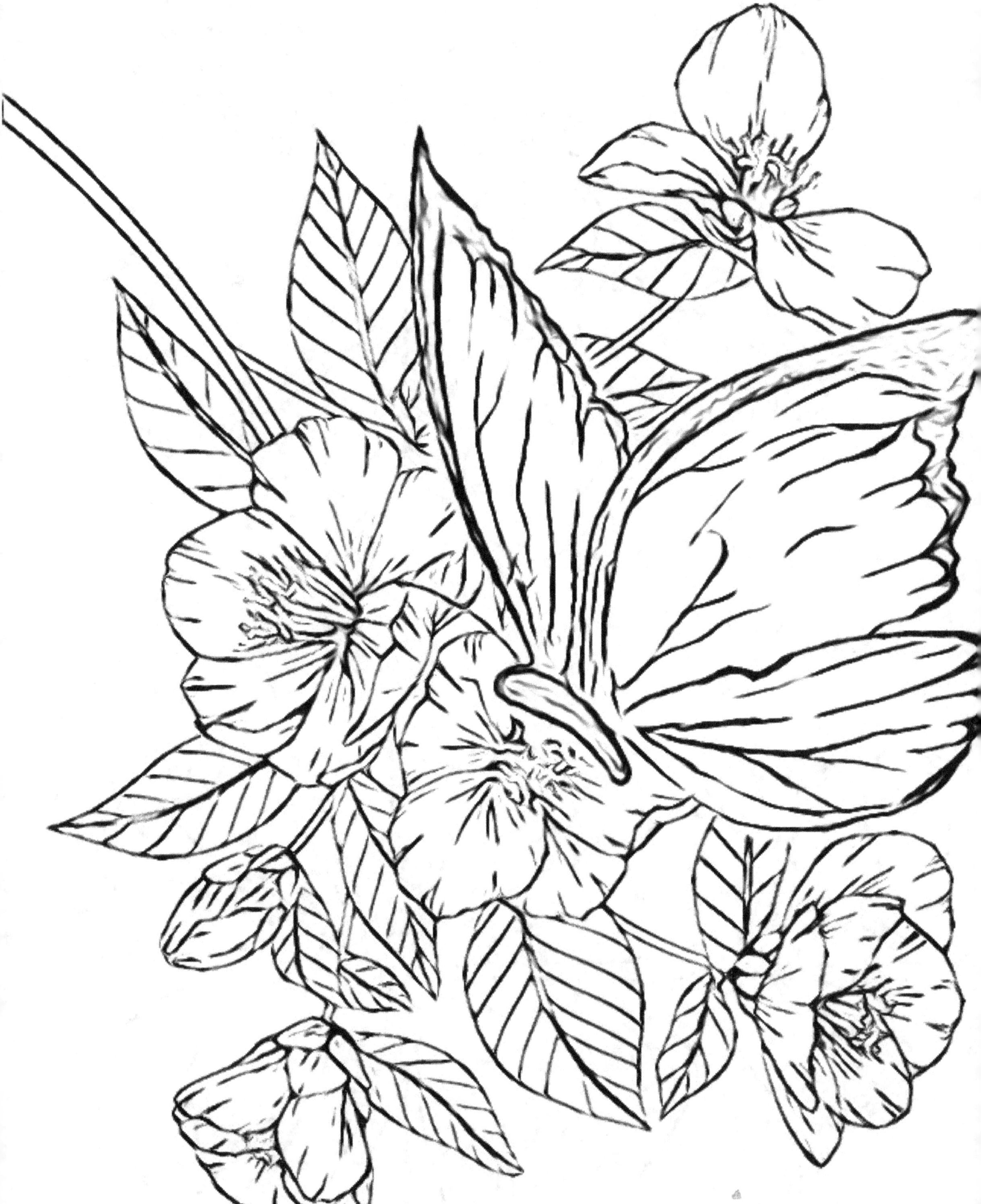

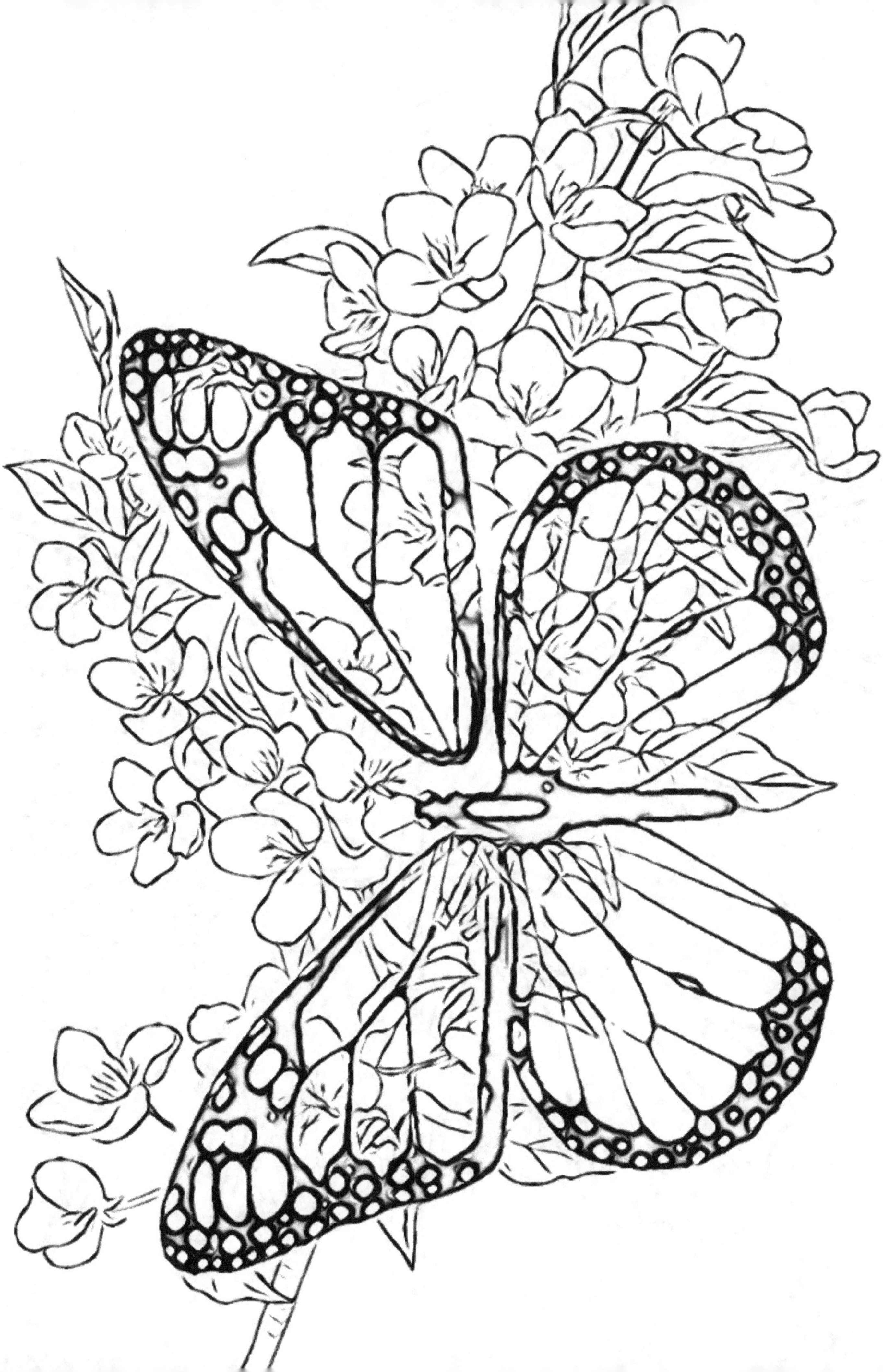

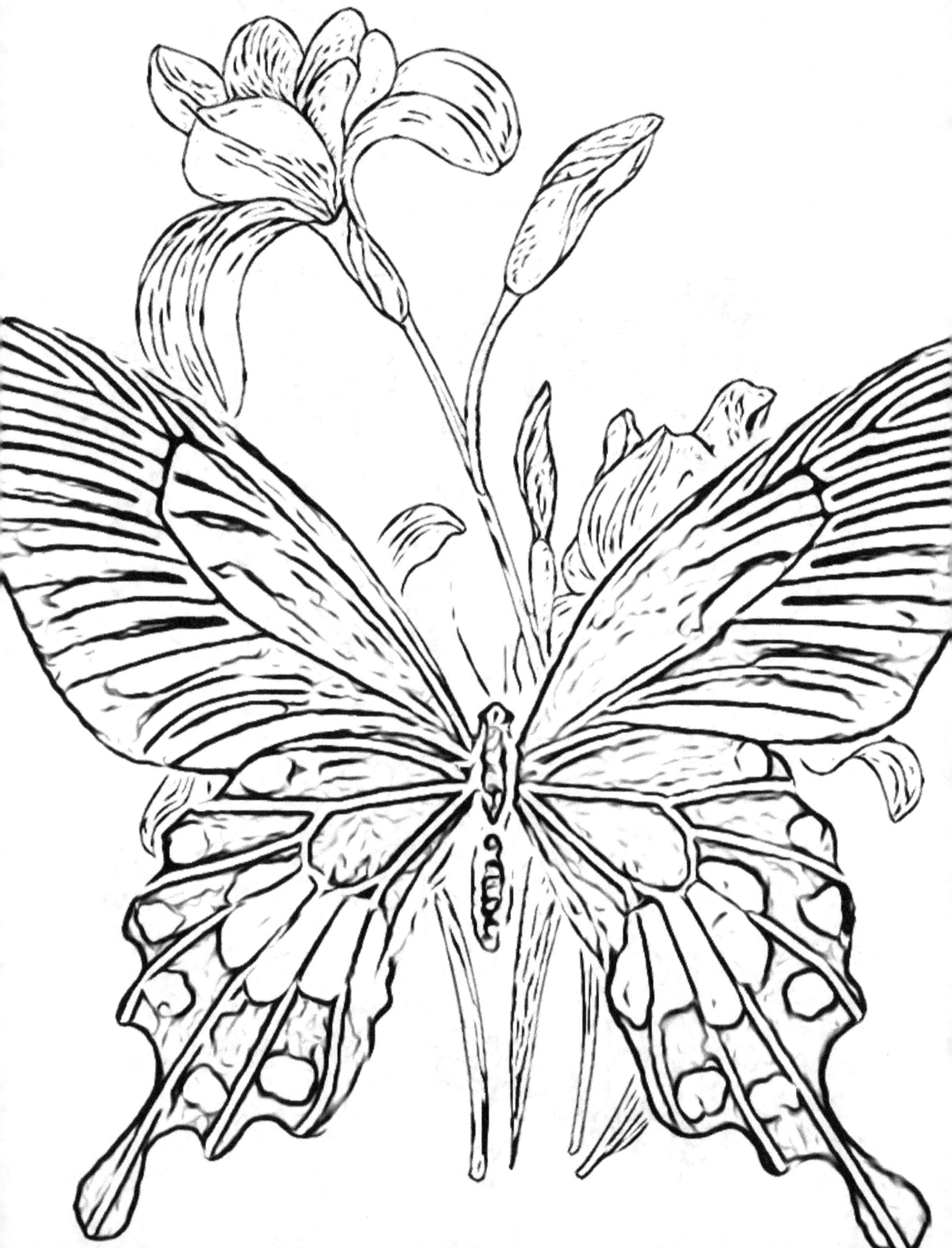

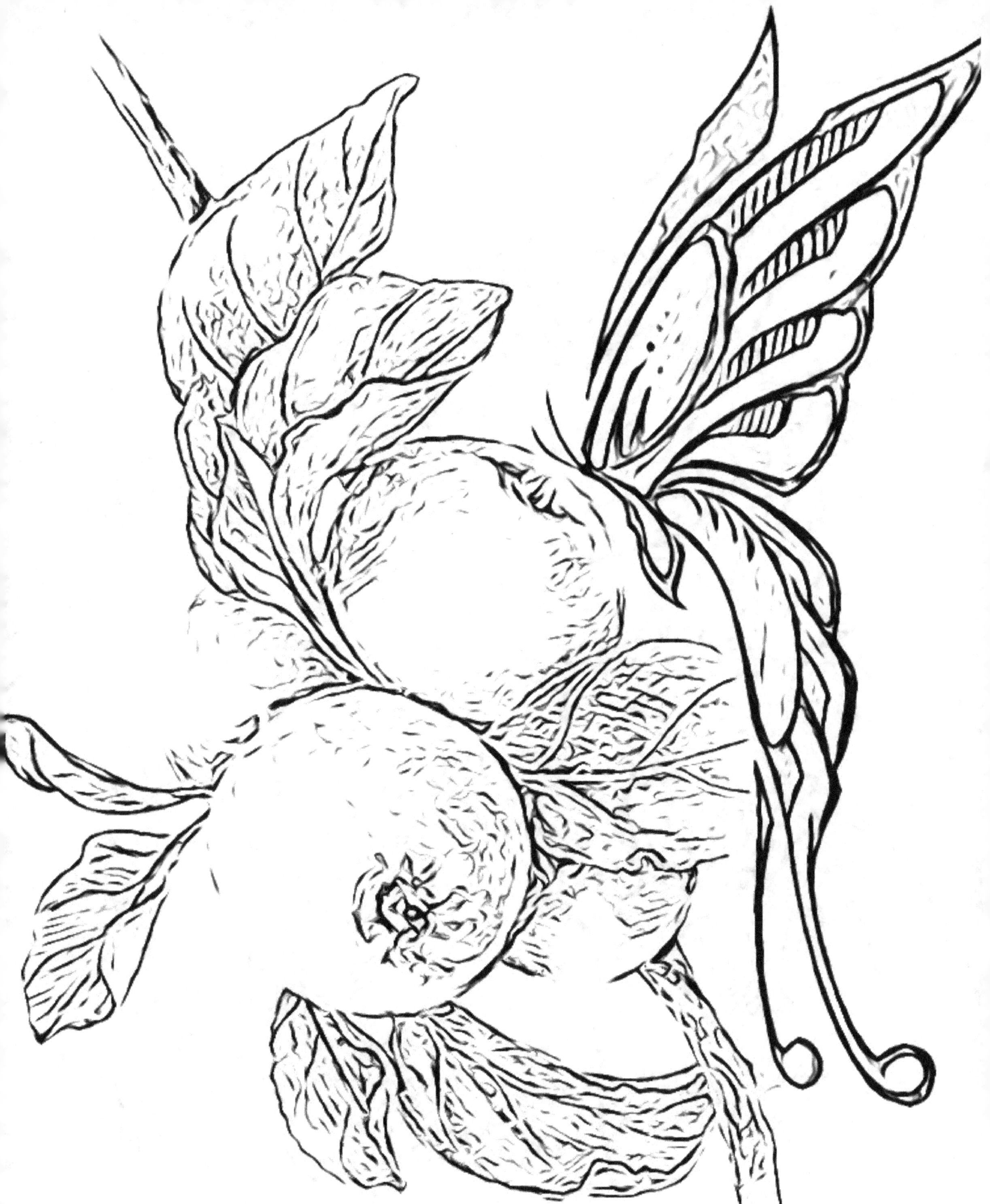

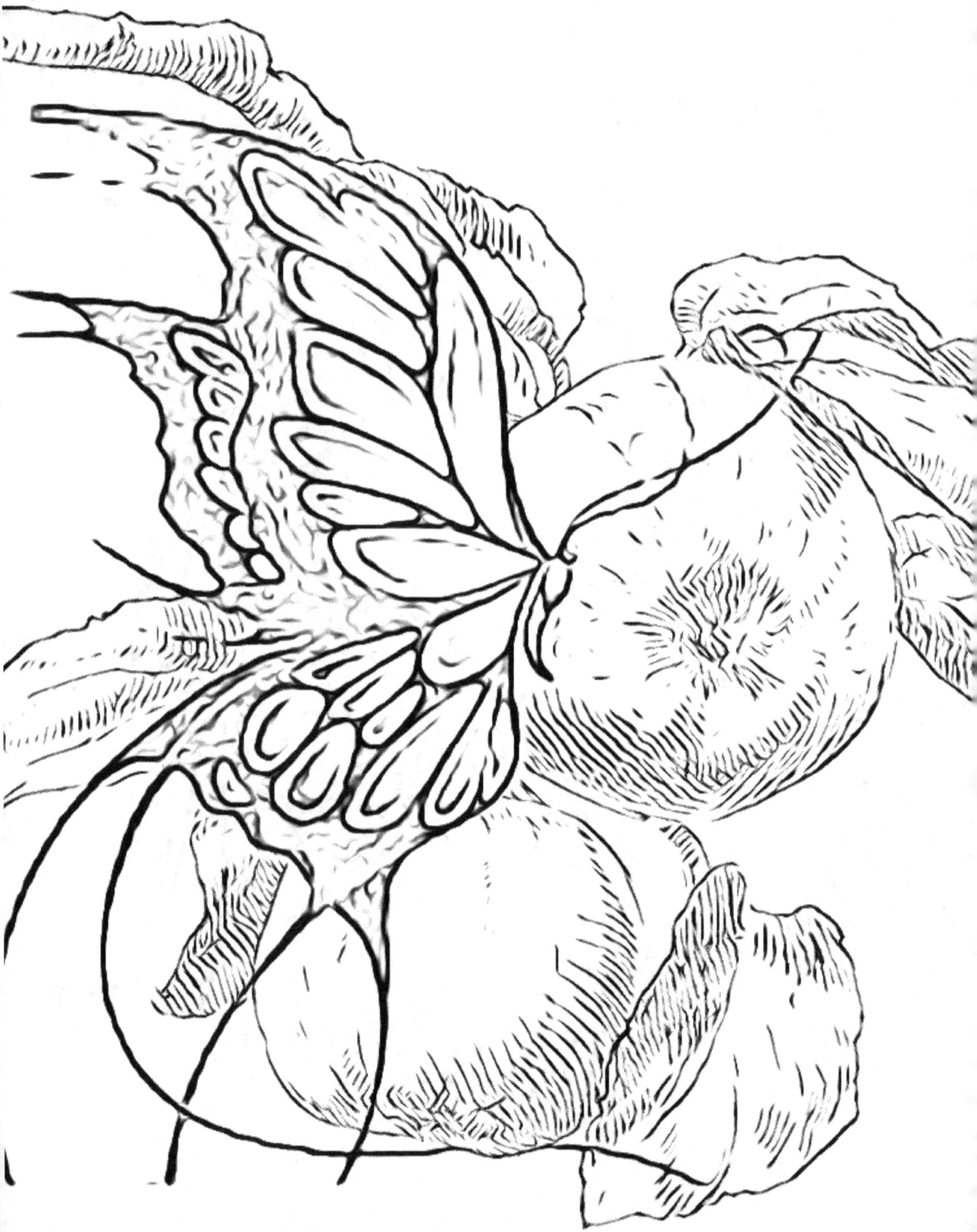

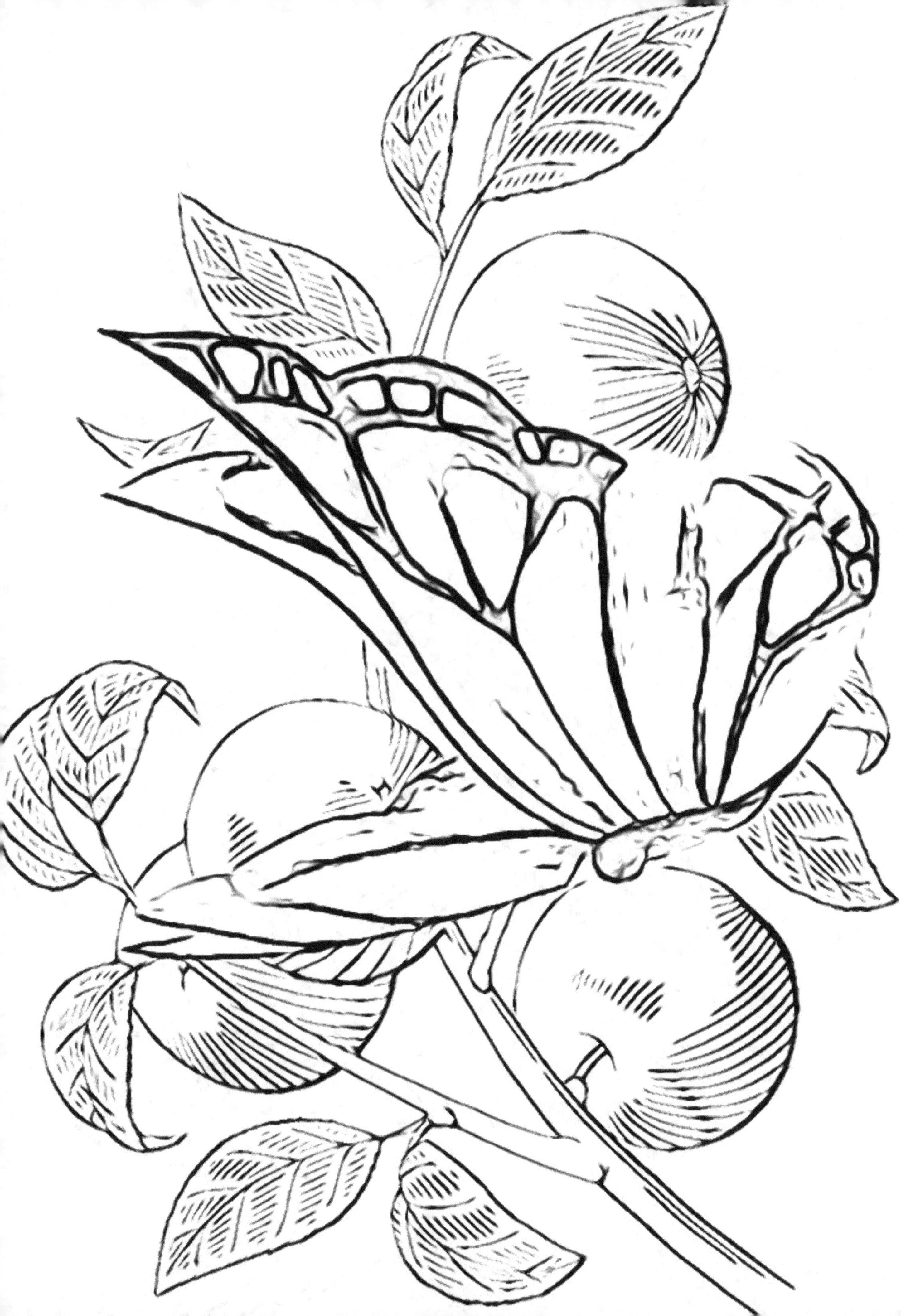

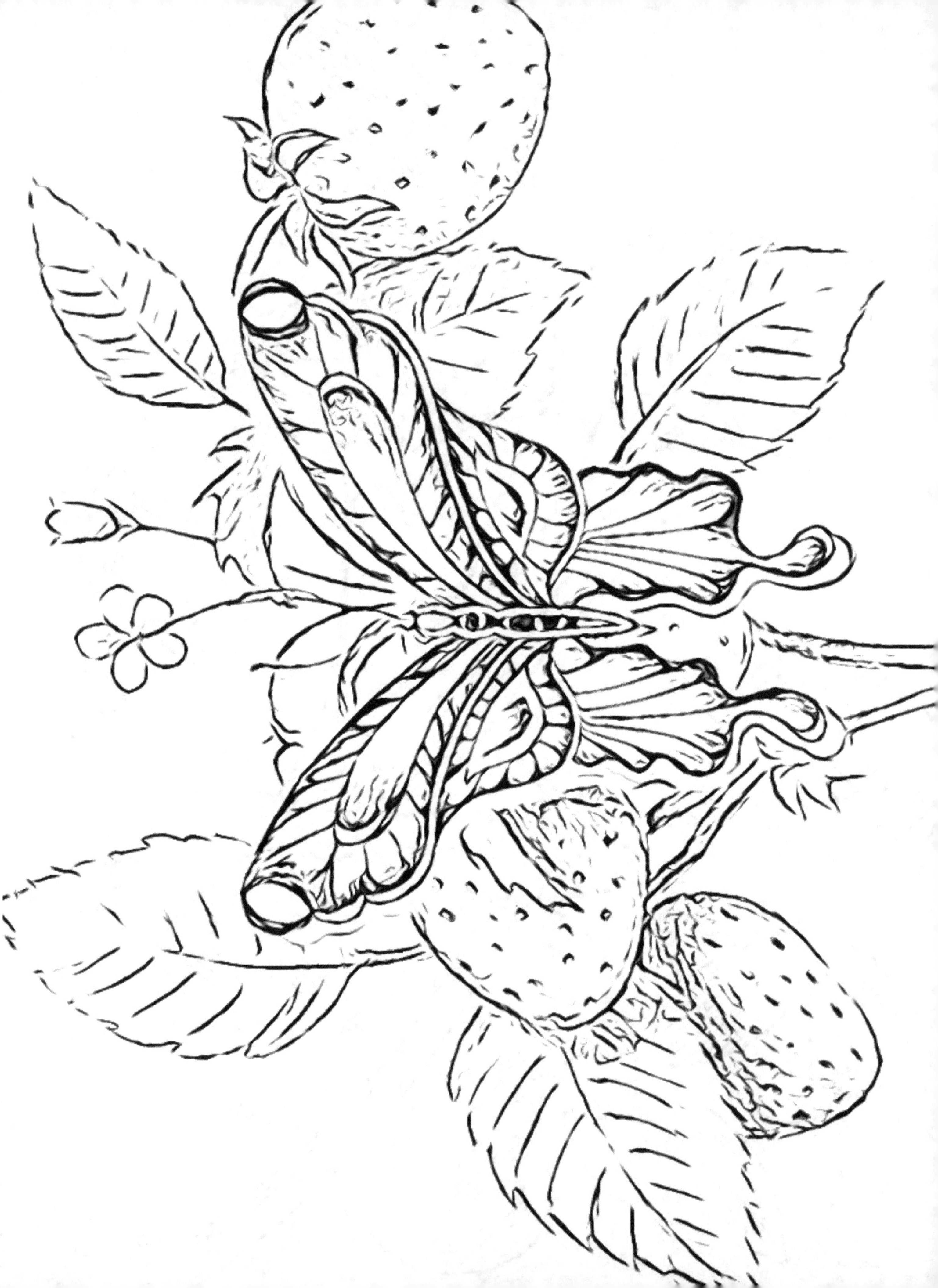

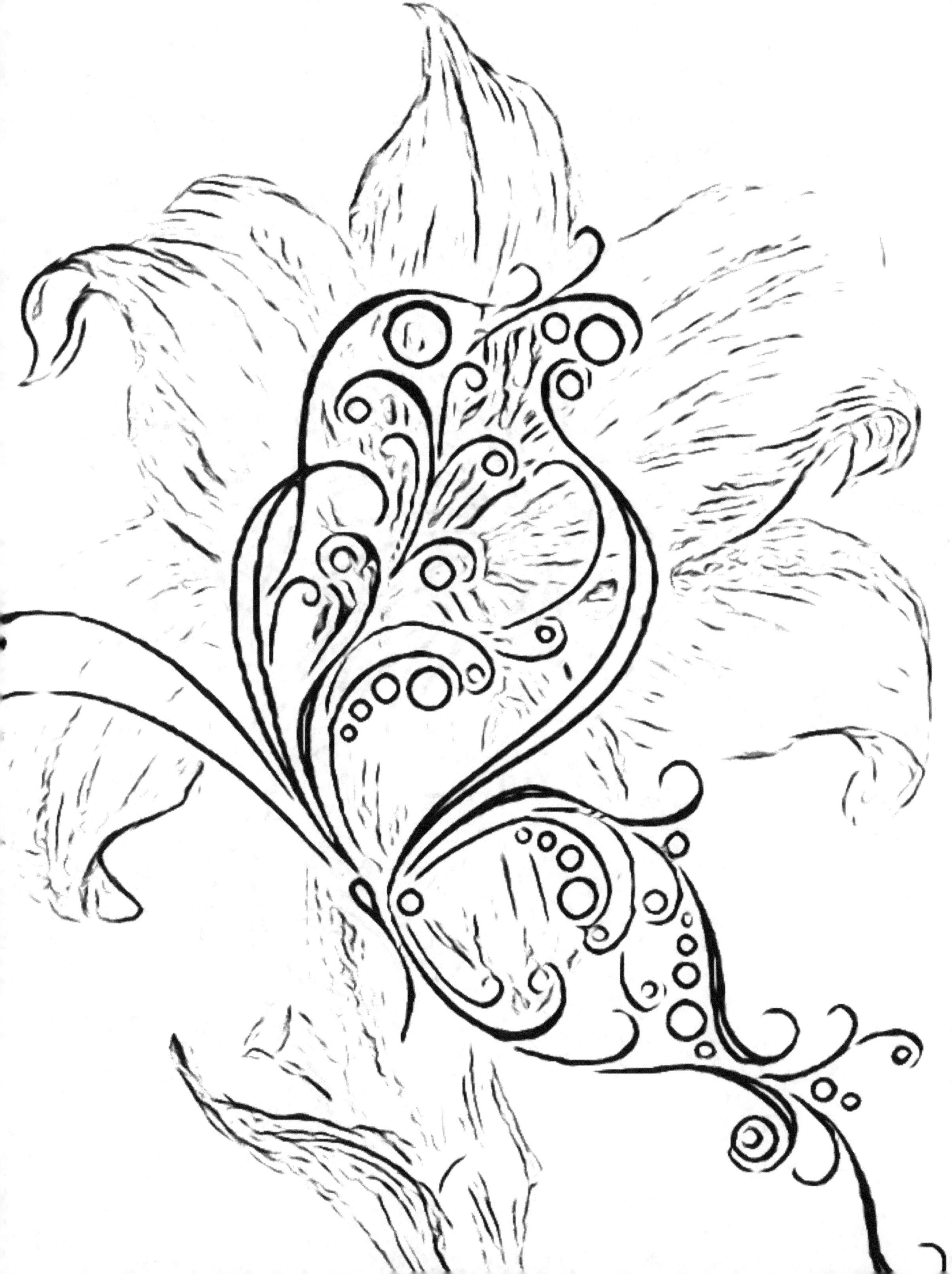

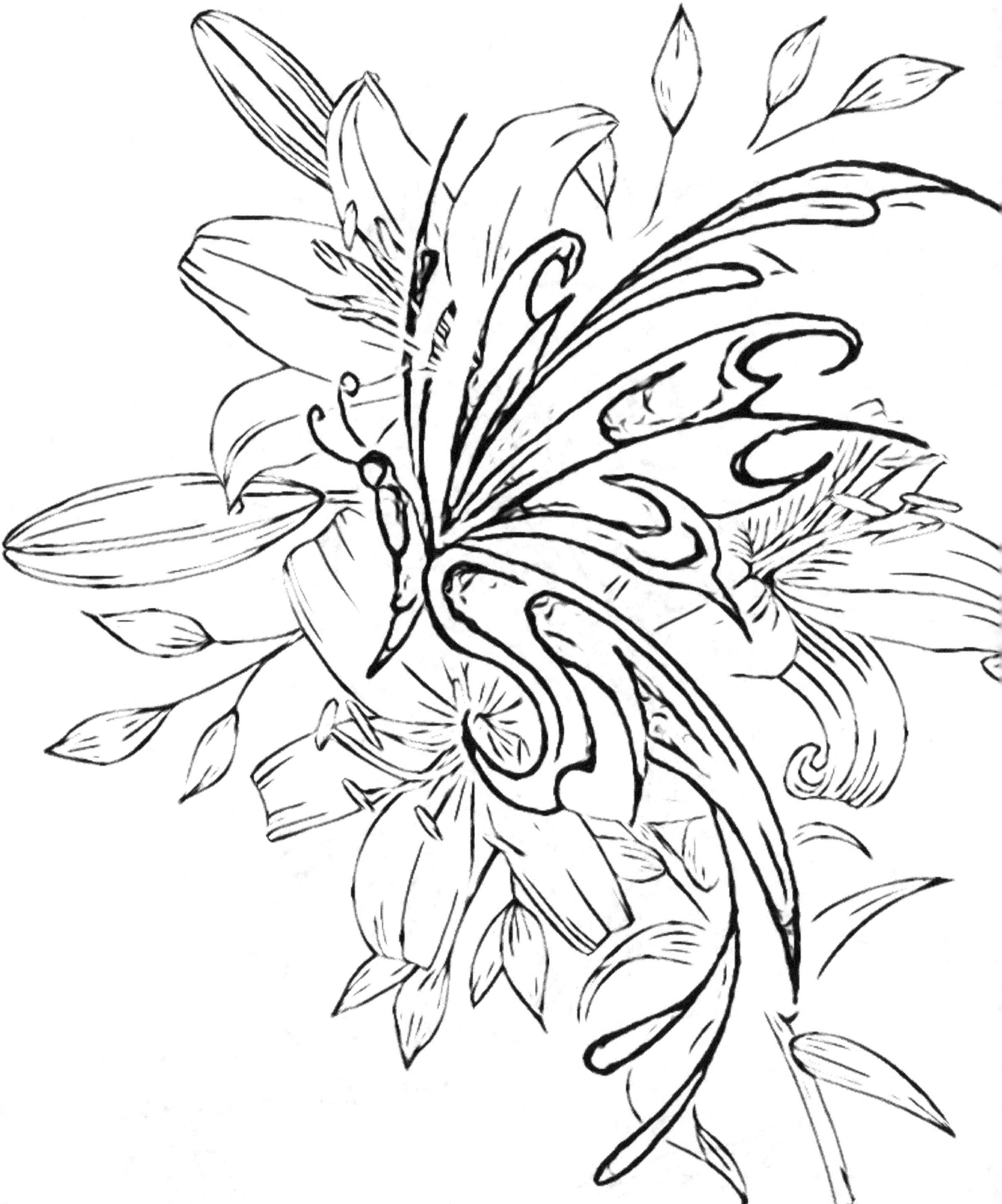

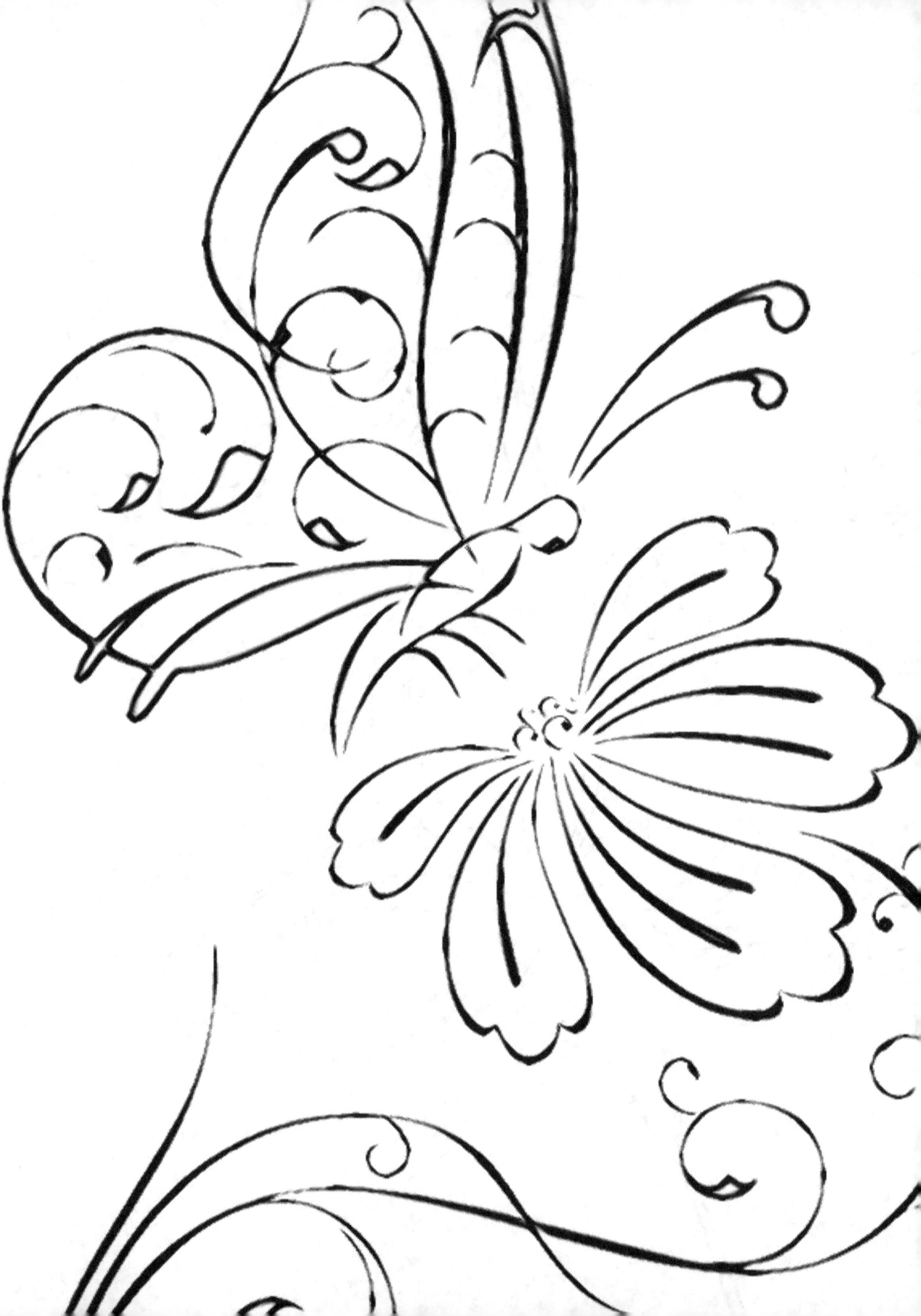

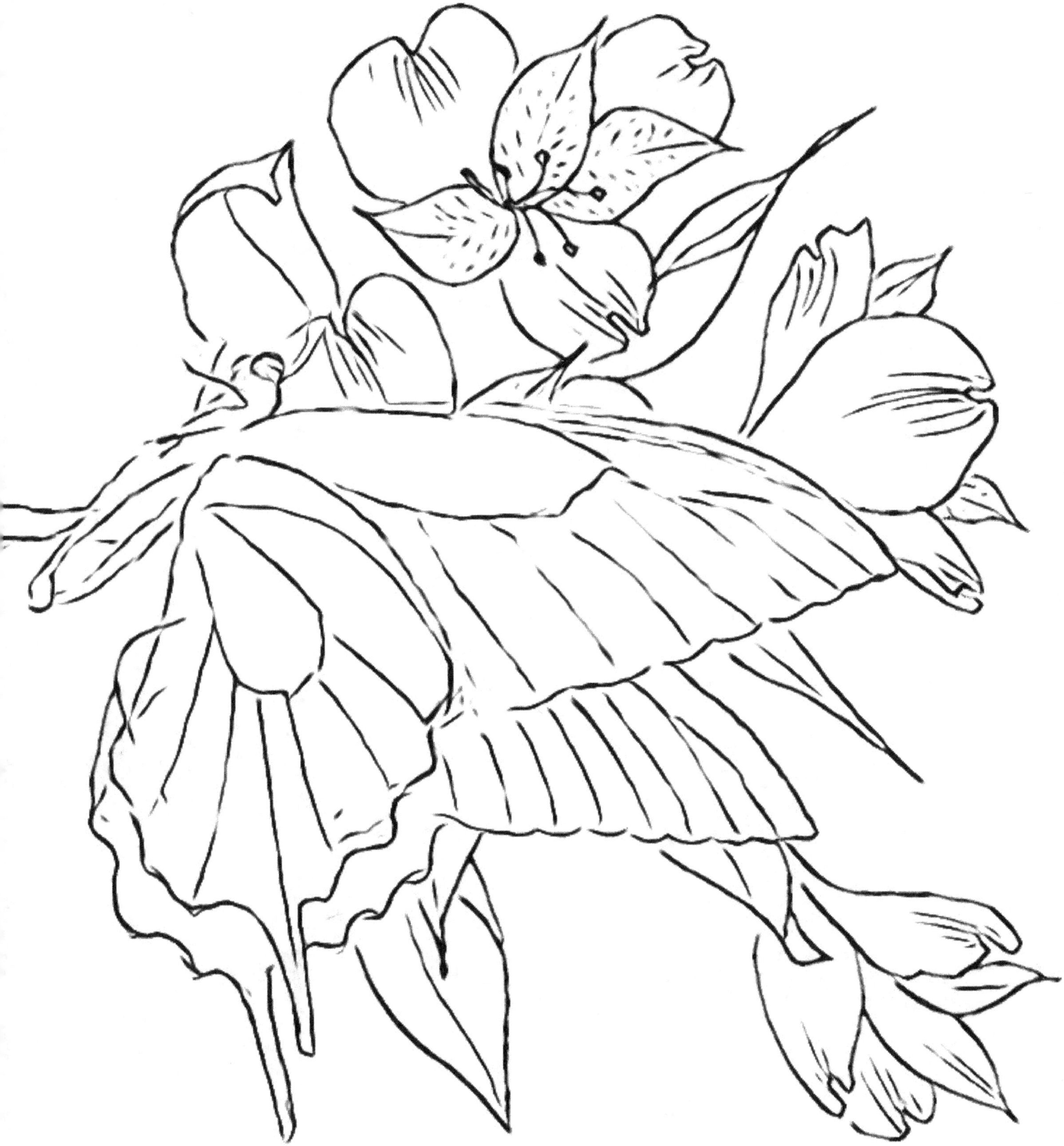

www.ingramcontent.com/pod-product-compliance
Lightning Source LLC
Chambersburg PA
CBHW081709220526
45466CB00009B/2924
* 9 7 8 1 6 7 8 1 0 8 3 4 2 *